NOTES

SUR LA

FAMILLE MOUCHOT

LAVAL

IMPRIMERIE ET STÉRÉOTYPIE E. JAMIN
41, rue de la Paix, 41.

1886

NOTES

sur la

FAMILLE MOUCHOT

FAMILLE MOUCHOT

Jean-Pierre Mouchot, fils de Jean-Pierre Mouchot, tonnelier de Dalhain.

Mort de Barbe Mouchot, le 27 février 1788.

Jean-Pierre Mouchot, 1791.

Marguerite Mouchot, fille de Jean-Pierre Mouchot et Catherine Robert, née le 28 juillet 1769.

Marguerite Mouchot, veuve de *Nicolas Mathis*.

Jean Prael, marié à Élizabeth Mouchot et de Marguerite Mouchot.

Fils de François Mouchot.

Nicolas Thomas et François Mouchot.

Claudine Mouchot et Nicolas L'huillier.

Clément Mouchot de Marthil, marié à Anne Melleur. — (Vannecourt).

Un fils de François Mouchot et de Marie Dreffer, 1717.

Elizabeth Mouchot, fille de Philippe Mouchot, le 13 mars 1718.

Jean-François Mouchot, fils de François Mouchot et de Marie Dreffer, né le 11 février 1719.

Nicolas Mouchot, fils de François Mouchot et de Marie Dreffer, né le 7 janvier 1723.

Marguerite Mouchot, fille de François Mouchot et de Marie Dreffer, née le 20 octobre 1724.

Mort de André Mouchot, fils de *Claude Mouchot*, maire de Villers, le 23 septembre 1686.

Dominique Mouchot, fils de Dominique Mouchot et de Françoise de France.

Anne Mouchot, mariée à Nicolas Barbier, 1774.

Clément Mouchot.

Nicolas Moncel, fils d'Alexandre Moncel et de Barbe Mouchot.

Jacques Mouchot, marié à Anne Moncel, morte l'an 1752.

Claude Mouchot, marié à Françoise Guelt, 1756.

Joseph, fils de Nicolas Mouchot et de Jeanne Simon.

Gasparus, filius Samuelis Simon et Annæ-Mariæ Pluyner, natus die decimo quinto et baptizatus die decimo sexto decembris 1710, cujus patrinus est Gasparus Fritz, matrina Kattarina Klein. Infra scriptus testor me baptizatu Cattarina, 17 julii 1713, cujus parens est Philippus Pluyner, mater Suzana Hupert.

Le neuvième mai 1702, après les publications des bans de mariage faites entre Jean Henry Klein, fils de Michel Klein et d'Anne Marie de Fau de notre paroisse d'une part et Marie Stark, fille de François Stark et de feue Maugeotte Pluyner, aussi de notre paroisse d'autre part : je, soussigné, curé de Morhange, certifie les avoir mariés et donné la bénédiction nuptiale en face de notre mère la Sainte Église ; en présence des témoins qui ont soussigné avec les parties.

Fait à Morhange, les an et jour ci-dessus.

Le 4 juillet 1702, après les fiançailles et les publications des bans de mariage faites entre Guillaume Stark, fils de François Stark et de feue Maugeotte Pluyner, de la paroisse de Morhange et Marguerite Kuny, fille de feu Nicolas Kuny et de Marguerite Brot, de la paroisse de Lunéville : je, soussigné, curé de Morhange, certifie les avoir mariés et donné la bénédiction nuptiale en face de notre mère la Sainte Église, en présence des témoins, soussignés, avec les parties.

Fait à Morhange, les an et jour ci-dessus.

Ce jourd'hui neuvième janvier 1703, après les publications de mariage faites entre Jean Nicolas, fils de Georges Nicolas et de Barbe, Pluyner de la paroisse de Landroff et Barbe Chont, fille de Philippe Chont et de Jeanne Mouchot, de notre paroisse : je, soussigné, curé de Morhange, certifie les avoir mariés et donné la bénédiction nuptiale en face de notre mère la Sainte Église, en présence des témoins qui ont signé avec les parties contractantes.

Fait à Morhange, les an et jour ci-dessus.

Gertrude, fille de Jean-Henry Klein et de Marie Stark, est née et a été baptisée le 5 février 1703.

Le parrain Michel Brezard et la marraine Gertrude Bernard.

Ce jourd'hui, 6 février 1703, après les fiançailles et publications des bancs de mariage, faites entre Jean Pluyner veuf, de notre paroisse, d'une part, et Madeleine Dauril, fille d'Antoine Dauril et de Barbe Coutiller, aussi de notre paroisse, d'autre part.

Joseph, fils de Philippe Puyner et de Suzanne Hupert, naquit le 6 mars et a été baptisé le 7 dudit mois 1703. Le parrain Joseph Coureur, la marraine Catherine Scheiber.

Charles Henry, fils de Jacques Renard et d'Anne Fouve est né le 28 du mois de mars de l'année 1703, et a été baptisé le 29 du même mois : a eu pour parrain Charles Henry Bellot, régent audit lieu et pour marraine Catherine Stenneuman.

Louise, fille de Jean Pluyner et de Madeleine Dauril, naquit le 9 décembre et a été baptisée le 10 dudit mois 1703.

Le parrain Jean Gout, la marraine Louise Hamlon.

Nicolas, fils de Jean Gros et de Marguerite Clément, naquit le premier jour de l'an de 1709 et a été baptisé le lendemain.

Le parrain Nicolas Gros, la marraine Anne Clément.

GÉNÉALOGIE DE LA FAMILLE MOUCHOT

Demange Mouchot, marié à Françoise de France (ou de Frans), vers seize cent quatre-vingt-deux, à Vannecourt, arrondissement de Château-Salins. — Alsace-Lorraine.

François Mouchot, fils du défunt Demange Mouchot et de défunte Françoise de France, marié à Marie Dreffer, fille de Claude Dreffer et de défunte Elizabeth Melleur, le dix février dix-sept cent quinze, à Vannecourt.

Jean Mouchot de la Motte, seigneur, maître de la haute justice.

Dominique Mouchot, son fils.

Jean Mouchot, nommé dans son testament monsieur de Vauligny, son frère.

Jacques, fils de Nicolas Mouchot et de Jeanne Simon, né le 11 novembre 1676.

Nicolas, fils de Joseph Petit et de Françoise Mouchot, le 5 juin 1757.

Mort de Barbe Mouchot, le 28 octobre 1757.

Françoise, fille de Paul Mouchot.

Jean Mouchot, fils de Claude Mouchot, 15 novembre 1680.

Paul Mouchot.

Julienne Mouchot, fille de Paul Mouchot, née le 15 *août* 1678.

Jean-Baptiste Mouchot, fils de Claude Mouchot, décédé en 1762.

JEAN DU MOUCHET, écuyer, seigneur de la Mouchetière, ayant à justifier sa noblesse devant les élus du Perche et d'Alençon, leur présenta le 3 novembre 1540, la déclaration suivante :

Noble homme Jehan Mouschet, demeurant en la paroisse de Préaulx au lieu de la Mouschetière, en obéissant au roi et à l'appointement donné devant MM. les élus d'Alençon et du Perche, en leur siège de Bellesme, comme exempt qu'il a été à cause de noblesse et qu'il est noble, lui et ses prédécesseurs et de tout temps immémorial, sans avoir en l'état de noblesse aucune chose dérogé tant lui que ses prédécesseurs et obéi aux Bans et arrières-Bans du Roi, notre seigneur et autres choses qu'il a pleu au Roi, notre seigneur, faire aux nobles. Et pour déclarer de sa généalogie, déclare qu'il est fils aîné de défunt Geoffroy Mouchet, en son vivant écuyer, lequel Geoffroy Mouchet était fils de Bertrand Mouchet en son vivant écuyer; et Bertran, fils de Gervaise Mouchet, aussi écuyer et ledit Gervaise, fils de Pehan Mouchot : que toujours chacun en leur temps ont vécu noblement ainsi qu'il offre de vérifier. Et pour ce faire produit la copie deuement collationnée à l'original de six lettres anciennes.... et employe la production que ont faite ou firent nobles hommes Cleradius Mouchet, seigneur de Tilli, et François Mouchet, seigneur de Montrorel et la Bautrye, comme de ses aînés de la maison dont il est descendu. Et en cas de nécessité, offre administrer témoins pour vérifier de ce que dessus, et fait les protestations à lui nécessaires, présente la présente déclaration à vous mesdits seigneurs les Élus, le 13e jour de novembre mil cinq cent quarante, signée de son seing. *Mouchet*.

Il résulte de cet acte authentique que :

Ier DEGRÉ

Péan Mouchet eut pour fils Gervaise Mouchet qui suit et que ce

IIe DEGRÉ

Gervaise Mouchet fut père de Bertrand Mouchet qui va suivre.

IIIe DEGRÉ

Bertrand Mouchet, écuyer, seigneur de la Mouchetière, fief situé dans la paroisse de Préaulx au Perche, mourut avant le 6 novembre 1500 et eut six enfants :
4. Geoffroy Mouchet a continué la descendance.
4. Marie Mouchet, écuyer et 4 Jean Mouchet, écuyer, partagèrent le 6 novembre 1500 la succession paternelle avec Geoffroy leur frère aîné.
4. Guillaume Mouchet est connu par le partage du 6 novembre 1500, où il est dit que Marie Mouchet avait ses droits.
4. Jeanne Mouchet, était mariée le 6 nov. 1500.
4. Catherine Mouchet vivait le 6 nov. 1500.

IVe DEGRÉ

Geoffroy Mouchet, écuyer, seigneur de la Mouchetière, appelé *Geoffroy Mouchet*, écuyer dans l'acte rapporté en tête du préliminaire de cet article et *Noble homme Geoffroy Mouschet écuyer, seigneur de la Mouschetière,* dans un hommage qu'il fit le 30 juillet 1497 du fief de la Mouchetière à Charles, seigneur de Boulainvilliers, baron de Préaux, partagea le 6 novembre 1500, la succession de son père, mourut avant le 16 juillet 1530, et de son mariage avec demoiselle Madeleine de Hunal, qui ne vivait plus le 5 juillet 1540, il eut quatre enfants :
5. Jean du Mouchet a continué la descendance.
5. Françoise du Mouchet, était veuve de Robert de Fontenay, écuyer, sieur de la Brenière, le 5 juillet 1540.
5. Simonne du Mouchet, et 5. Catherine du Mouchet, étaient mariées au mois de novembre 1547.

Vᵉ DEGRÉ

Jean du Mouchet, Iᵉʳ du nom, écuyer, seigneur de la Mouchetière, paya six livres de droit de rachat pour l'hébergement de la Mouchetière à Barbe le Tourneur, Dame de la Seigneurie de la haute justice de Préaux, sous la garde d'honorable homme Nicolas Letourneur son père ; et en reçut de celui-ci le 16 juilllet 1530, une quittance où il est qualifié : *Noble homme et écuyer, fils aîné et principal héritier de feu noble homme Geoffroy Mouchet, écuyer, seigneur de la Mouchetière.* Il fit hommage de ce même hébergement le 3 septembre 1537, à la même Barbe le Tourneur et à honorable homme Richard Gravelle, son mari, élu pour le roi en l'élection de Longuy. La succession de ses père et mère ayant été divisée en deux parts le 5 juillet 1540, il prit pour son droit d'aînesse la maison de la Mouchetière et dans cet acte il est appelé : *Jean du Mouchet écuyer, fils aîné et principal héritier de feu Geoffroy du Mouchet, écuyer, seigneur de la Mouchetière, et Demoiselle Madeleine de Hunal sa femme.* Le 13 nov. de la même année, il présenta aux Élus d'Alençon et du Perche pour la justification de sa noblesse la déclaration que l'on a rapportée en entier dans le préliminaire de cet article. Il fit une vente le 3 juin 1563, conjointement avec demoiselle Françoise de Fontenay sa femme, à Jacques de la Touche écuyer, sieur de la Guionnière, demeurant au bourg de Sainte-Gauburge, dans le Perche ; en fit une autre le 15 février 1565 et ne vivait plus le 19 nov. 1579. Il eut de son mariage deux enfants.

6. Jean du Mouchet continuera la descendance.

6. Pierre du Mouchet écuyer, vivait le 2 septembre 1578.

VIᵉ DEGRÉ

Jean du Mouchet, IIᵉ du nom, écuyer, seigneur de la Mouchetière, maréchal des logis d'une compagnie de cinquante hommes d'armes des ordonnances du Roi, sous la condition du seigneur de Sourdis, fit une acquisition le 21 octobre 1565 de quelques biens situés à la Renaudière ; vendit aveu de l'hébergement de la Mouchetière le 19 novembre 1579 à demoiselle Anne Gravelle, dame de la seigneurie de la haute justice de Préaux, et ceux de René de la Bretonnière, écuyer, seigneur de Lormarin ; vivait encore le 9 janvier 1589, jour auquel il prenait la qualité de maréchal des logis de cinquante hommes d'armes des ordonnances du Roi, de la compagnie du seigneur de Sourdis ; et mourut avant le 1er octode la même année.

Il épousa : 1° N... 2° par contrat au 13 mars 1558 (c'est-à-dire 1558) demoiselle Catherine les Champs ou Leschamps qui ne vivait plus le 19 mars 1592, fille de noble homme Jean les Champs, seigneur de Vaulnoist et de demoiselle Marie de Jaubert.

Premier lit.

7. Jean du Mouchet, écuyer, seigneur de la Mouchetière, partagea avec ses cinq frères et sa sœur le 1er octobre 1589, la succession paternelle qui consistait en la terre de la Mouchetière ; épousa par contrat du 2 mai 1596, demoiselle Jeanne de Fontenay, sœur de Jean de Fontenay, écuyer, sieur de la Brenière, fille de N. de Fontenay et de demoiselle Renée du Houssard ; vivait encore le 8 juillet 1597, et mourut sans enfants avant le 14 mai 1601.

Second lit.

7. René du Mouchet, écuyer, est connu par le partage qu'il fit de la succession paternelle avec ses cinq frères et sa sœur le 1er octobre 1589.

7. Pierre du Mouchet de la Mouchetière, écuyer, seigneur du Chaillonnais, assista le 9 janvier 1589, au contrat de mariage avec demoiselle Marie Mallet, veuve de lui le 29 novembre 1612. On lui connaissait trois enfants qui suivent :

8. Jean du Mouchet, écuyer, sieur du Chaillonnais ; fit un échange le 2 novembre 1693, avec Antoine de Renes, écuyer, sieur du grand Fay et mourut, laissant veuve demoiselle

Marguerite de Renes qu'il avait épousée par contrat du 30 janvier de la même année 1593 et qui se remaria par contrat du 17 février 1610 avec René de Barat, écuyer, sieur de Beauvais.

Jean du Mouchet en avait eu un fils qui est :

9. Pierre du Mouchet, écuyer, sieur du Chaillonnais, mort avant le 17 juin 1614.

8. René du Mouchet, écuyer, sieur du Mouchet et de la Mouchardière, partagea la succession de son père avec Marguerite sa sœur, le 29 novembre 1612.

8. Marguerite du Mouchet était mariée le 29 novembre 1612 avec Louis d'Orville, écuyer, sieur de la Bunelière.

7. Pierre du Mouchet, écuyer, sieur de la Croix, paroisse de Gemage, élection de Mortagne, épousa.

1° Demoiselle Jeanne Dousseron ; 2° demoiselle Marie Lelièvre ; transigea avec celle-ci et avec ses enfants du premier lit le 9 mai 1611 sur la succession de leur mère ; fit son testament le 4 juillet 1612 et vivait encore le 5 août 1614.

Premier lit.

8. Jacques du Mouchet, écuyer, sieur de la Croix de la Mare, épousa par contrat du 3 janvier 1619, demoiselle Gabrielle de Meaulon dont il eut un fils qui suit :

9. Pierre du Mouchet, sieur de la Croix, baptisé le 25 juin 1630, servait dans l'infanterie le 1er juin 1654 en qualité d'enseigne; épousa par contrat du 16 septembre 1658, demoiselle Françoise de Hoche ; et fut maintenu dans sa noblesse le 16 juillet 1666, par ordonnance de M. de Marle, intendant d'Alençon.

8. Louise du Mouchet vivait le 26 mai 1611.

8. Ancelote du Mouchet était mariée le 26 mai 1611, avec Geoffroy de Malaise, écuyer.

7. Innocent du Mouchet, écuyer, vivait le 1er octobre 1589.

7. André du Mouchet continuera la descendance.

7. Florentine du Mouchet épousa avant le 1er octobre 1589, Jacques de Marcadé, écuyer.

VIIe DEGRÉ.

André du Mouchet, écuyer, seigneur du Bois et de la Cibollière dans le grand Perche, était homme d'armes des ordonnances du Roi, sous la charge du seigneur de Sourdis, le 9 janvier 1589, date du contrat de son mariage avec Charlotte de Blavette, fille de Jacques de Blavette, écuyer, seigneur de Bourgenon, de Boterel de la Bougonnière et de l'Espinay dans le grand Perche, et de Marie de Curtallain. Il rendit aveu le 18 novembre 1610, pour le fief de la Cibollière, situé dans la paroisse de la Ronge au grand Perche et mouvant de la seigneurie de la haute justice de Préaux, à Jean Abot, écuyer, seigneur de Préaux ; et mourut avant le 10 juin 1616. Sa veuve vivait encore le 21 octobre 1627, et il en avait eu six enfants.

8. René du Mouchet a continué la descendance.

8. Jean du Mouchet fut baptisé le 7 avril 1600.

8. Pierre du Mouchet, écuyer, sieur de la Pigallière et de la Cibollière, baptisé le 26 mai 1601, vivait encore le 21 octobre 1627.

8. Julien du Mouchet, écuyer, sieur de la Cibollière, épousa Michelle Pigeard, laquelle était veuve de lui et encore en bas âge le 24 juillet 1617.

8. Catherine de Mouchet, baptisée le 8 juillet 1597, épousa François d'Ollon, écuyer, sieur d'Ollon et d'Espinart, dont elle était veuve le 19 août ; fit son testament le 27 mars 1667, et mourut avant le 29 avril 1667.

8. Française de Mouchet, femme de Jean de Varadé, écuyer, sieur de Mascuere, vivait le jeudi 21 octobre 1627.

VIIIe DEGRÉ.

René du Mouchet, Ier du nom, écuyer sieur de la Cibollière et de la Mouchetière, rendit aveu le vendredi 10 juin 1616 pour le fief de la Cibollière à Jean Abot, écuyer, seigneur de la haute justice de Préaux, représenta devant les commissaires ordonnés par le Roi, pour le règlement des tailles, ce qu'il était exempt de cette contribution parce qu'il était *d'extraction noble,* issu d'André de Mouchet, écuyer, sieur du Bois de la Sibolière et de demoiselle Charlotte de Blavette : le dit André fils de Jean du Mouchet, écuyer et de demoiselle Catherine Deschamps, ledit Jean fils de noble homme Jean Mouchet, écuyer, et de demoiselle Françoise de Fontenay, et celui-ci fils de Geoffroy Mouchet, écuyer, sieur de la Mouchetière, et de damoiselle Madeleine de Hunal, que tous ses dits prédécesseurs avaient porté le nom et qualité de nobles et avaient joui des privilèges de noblesse sans y avoir dérogé ; qu'enfin leurs armes étaient celles qu'il portait encore « Trois hures de sanglier de sable sur champ d'argent » et sur cette requête, les commissaires par jugement rendu à Nogent-le-Rotrou le 31 décembre 1623, lui donnèrent acte de la représentation qu'il avait faite de ses titres.

Il épousa : 1° par contrat de mardi 15 novembre 1611, demoiselle Judith de Tascher, fille de Sébastien de Tascher, écuyer, seigneur de la Thallière et de Bréméan, et de demoiselle Charlotte de Tascher : 2° par contrat du lundi 19 février 1624, demoiselle Jeanne Victor, fille de Jean Victor, écuyer, sieur de la Touche, commissaire ordinaire des guerres, et de demoiselle Marie Tardif. Il ne vivait plus le 21 octobre 1625. Jeanne Victor fut mère de René du Mouchet. C'est le seul des enfants connus de son mari dont la mère soit nommée. Ces enfants furent au nombre de trois.

9. Jean du Mouchet continuera la descendance.

9. René du Mouchet, écuyer, sieur de la Mouchetière et de Bougeastre ou de Boigeastre, baptisé le 14 avril 1627, épousa par contrat du jeudi 19 août 1651 demoiselle Claude Porcher, veuve de Jean-Marie, écuyer, sieur de Neufbois, et de Saint-Eman et en eut un fils qui suit :

10. Charles du Mouchet, écuyer, sieur de la Mouchetière et de Bougeastre, fut marié par contrat du samedi 21 janvier 1680 avec demoiselle Catherine Chalinne, fille de noble homme Paul Chalinne, conseiller du roi au baillage et siège présidial de Chartres, et de demoiselle Catherine Corbeil.

9. Catherine du Mouchet vivait le 29 novembre 1642.

IXᵉ DEGRÉ

Jean de Mouchet, IIIᵉ du nom, écuyer, sieur de la Mouchetière et de Guignonville, épousa : 1ᵒ demoiselle Perronen Janvier qui leur fit don d'une partie de la terre de Guignonville, située dans la paroisse de Saint-Hilaire d'Illiers, sur quoi, après quelques différends survenus entre lui et noble homme M. Robert Janvier, sieur de la Bissais, bailli du marquisat d'Illiers, l'un et l'autre transigèrent le mardi 19 octobre 1635, et par cet acte la terre de Guignonville, demeura en entier à Jean du Mouchet qui s'était remarié : 2ᵒ par contrat du samedi 29 novembre 1642 avec demoiselle Françoise-Marie Gournil, fille de Marin Gournil, écuyer, sieur d'Allonville et de demoiselle Antoinette Daligo. Il mourut avant le 7 juin 1669.

Second lit.

10. René du Mouchet suit :

Xᵉ DEGRÉ

René du Mouchet, IIᵉ du nom, écuyer, seigneur de la Mouchetière, de Guignonville, des Pastis, ou du Pasty de Saint-Amand ou Saint-Eman, baptisé le 13 février 1648 servait le 5 décembre 1667 en qualité de volontaire dans la compagnie du marquis de Claire et en 1674 dans l'arrière-ban. Il avait épousé : 1ᵒ par contrat du vendredi 7 juin 1669 demoiselle Colombe de Chambie, veuve de Pierre de Durcet, écuyer, sieur de Vausouville et de Maisonfort : 2ᵒ par contrat du samedi 30 septembre 1673, demoiselle Marie de la Barre, fille de Mᵉ Jacques de la Barre, chevalier de l'ordre du roi, seigneur d'Arbouville, de Groslieu d'Aubville, de Harrouville, de Boisminard etc, et de dame Marie des Magis. Il ne vivait plus le 17 février 1679.

Second lit.

11. Henri-Claude du Mouchet suit :

XIe DEGRÉ

Henri-Claude du Mouchet, écuyer, seigneur de la Mouchetière, de Saint-Eman, de Guignonville de Boisminard, de Button, de la Boff, de Peton et de Préaux en partie, épousa par contrat du 31 décembre 1699 demoiselle Françoise de Bazin de Fresne, fille de Françoise-Marie de Bazin de Fresne, ancien grand bailli de Soissons, et de dame Catherine Brezent sa veuve, alors femme de Charles Nicole, conseiller du roi, lieutenant-général au baillage et siège présidial de Chartres. De ce mariage il eut cinq enfants.

12. Henri-Barthélemi-Marie du Mouchet qui suit :

12. Henri-Claude-Charles du Mouchet de la Mouchetière, écuyer, seigneur de Vaumonteuil, naquit le 7 avril 1708 et fut marié par contrat du 2 août 1729 avec dame Renée-Geneviève de Thieulin, veuve de Macé-Pierre de Gastel, écuyer, sieur de Beaurouvie, fille de Jean-François de Tieulin, écuyer, sieur de Saint-Vincenx, et de dame Marie-Geneviève du Bouchet. Il eut de ce mariage deux enfants qui suivent :

13. Henri-François du Mouchet, naquit le 30 juin 1730 ;

13. Marie-Françoise du Mouchet, naquit le 21 février 1740.

12. Marie-Françoise du Mouchet de la Mouchetière, épousa par contrat le 26 septembre 1727, Mathieu-Simon de Carvoisin, seigneur de Billancelle de Durbois, etc., fils de François de Carvoisin, écuyer, lieutenant-colonel au régiment de Vivarais et de dame Marie-Thérèse de Caire :

12. Marie-Thérèse du Mouchet de la Mouchetière, naquit le 1er septembre 1715.

12. Françoise-Charlotte du Mouchet de la Mouchetière, religieuse professe de l'abbaye les Clairets.

XIIe DEGRÉ

Henri-Barthélemi-Marie du Mouchet, écuyer, seigneur de la Mouchetière, de Saint-Eman du Pasty, de Peston, de Button, de Préaux etc., demeurant à Saint-Eman près d'Illiers en Beauce, naquit le 17 juin 1704, et a épousé par contrat du 10 février 1734 demoiselle Anne-Françoise-Marguerite de Givès-des-Bois-Besnards, fille de Denys de Givès, écuyer, seigneur des Bois-Besnards, de Creusi etc., et d'Anne-Andrée de Loubes.

XIIIe DEGRÉ

Henri-François du Mouchet de la Mouchetière, né le 7 février 1735.

Henri-Charles du Mouchet de la Mouchetière, né le 13 avril 1739.

Henriette-Anne du Mouchet de la Mouchetière, née le 25 mars 1736.

NOTES VOLANTES

M. de Machault, intendant de commerce.
Du Mouceau.
Massot du Buisson.
Ribaudon du Mouceau.
De la Mouche de Beauregard.
De la Mouche.
De Michy.
Dumousseau.
Moussinot.
Moussé, syndic.
Mouceau de Mauvière.
Mouchonguy.
M. de Machault.
De Machault, conseiller d'État.
De Mouchaut, intendant de commerce.
De Mouchaut, pour l'examen des priviléges de Paris au conseil d'État.
Du Mouchaut, commis à la communication des registres et minutes du Parlement.
De la Mouche de Beauregard, conseiller à la 5ᵉ chambre des requêtes.
Michaud de Montarau, conseiller à la 2ᵉ chambre des requêtes.
De la Mouche.
Mouchot de Noyers, procureur en la cour de Parlement.
De Moussy, prieur de Saint-Victor.
De Mouchy, conseiller du Roy, notaire.
Consulter la biographie du Parlement de Metz, par Michel.
Claude Mouxat, maire de la justice de Villers-aux-Prés, acte du 5 avril 1683.

Le Roi Louis XIII, créé à Metz un Parlement en 1633, qui étendait son ressort dans les trois évêchés et la Lorraine (269 pages 476, 748, 751, 756, 824, 25, 228, 245, 495, 424, 280, 270, 229, 138, 1224, 1225.

Acte de mariage de Christophe Mouchot et de Catherine Nisusgern (de 1789 93).

Acte de mariage de Claude Mouchot et de Virginie Ham, 1855.

Acte de naissance de Pierre Mouchot, 1858.

Françoise-Catherine Roussel de Médaux, marquise de France, fille de Jacques de Mouchy, conseiller au Parlement de Metz et ayant aussi eu résidence à Avricourt (Lorraine) 1652.

Benedic-Françoise Roussel de Médaux, marquise de France, figure dans un acte de partage daté de 1674, de Claude de Mouchy.

FAMILLE DE MOUCHOT

NICOLAS MOUCHOT ET DOMINIQUE MOUCHOT, FRÈRES.

Le premier, vigneron et bourgeois de Morhange, ayant pour épouse Claudine Lalande.

Le second, manœuvre et cabaretier à Château-Vorhain, figure comme parrain, le 25 août 1746.

Nicolas eut pour enfants :

1º Jean-Georges Mouchot,

2º Joseph Mouchot,

3º Marie Mouchot, qui épousa à l'âge de 27 ans, le 11 novembre 1749, Alexandre Morlau, maçon. Une fille, nommée Françoise, naquit de ce mariage le 21 octobre 1750.

4º Marguerite Mouchot, décédée à 17 ans, le 18 avril 1746.

Jean-Georges fut vigneron à Morhange. Il épousa à l'âge de vingt-deux ans le 9 novembre 1745, Elisabeth-Annette et en eut pour enfants :

1º Anne-Marie, née le 25 août 1746, mariée le 6 septembre de la même année ;

2° Françoise, née le 20 octobre, morte à un an.

3° Jean-Nicolas, né le 21 mars 1851.

Madame Mouchot dit que Jean-Georges Mouchot, à la mort de sa première femme Elisabeth-Annette, contracta un second mariage et en eut plus tard, vers 1768, un autre fils nommé Christophe, qui mourut en 1814 à l'âge de quarante-six ans, et qui fut le père de son mari.

1. Claude-Philibert Mouchet, écuyer, sieur de Beaumont, garde du corps du Roi, puis lieutenant de dragons dans le régiment de la reine, demeurant dans la paroisse de Notre-Dame de Gourdon, diocèse de Châlons-sur-Saône, fut maintenu dans sa noblesse par ordonnance de M. Ferrand, maître des Requêtes et commissaire départi dans la généralité de Dijon, du 21 mars 1698. De son mariage accordé le 31 janvier 1685 avec Marie Thomassin, fille de Philibert Thomassin, écuyer, sieur de Celle, bailli du Mont-Saint-Vincent et d'Adrienne de Thézut, il eut huit enfants : 1° l'aîné, tué au siège d'Oudenarde, étant lors cornette dans le régiment d'Eschainvilliers et les autres nommés : 2, Claude Amable Mouchet, né le 11 mai 1701 ; 3, Marie ; 4, Colombe ; 5, Lucrèce ; 6, Françoise ; 7, Marie-Charlotte ; 8, Louise Mouchet. Ladite Marie-Charlotte, née le 6 septembre 1703 et reçue à Saint-Cir, le 1er juillet 1715, sur les titres produits alors pour sa réception, lesquels justifient que ledit Claude-Philibert Mouchet eut pour frères :

Gaspard Mouchet, écuyer, sieur d'Azu, capitaine dans le régiment de Bourgogne, mort au voyage de Candie.

Jean-Joseph Mouchet, sieur de Comigni, garde du corps du roi, puis lieutenant de cavalerie dans le régiment de Bartillac.

Joseph Mouchet, servant dans la mestre de camp des cuirassiers du Roi, l'an 1667.

Henri Mouchet, tué au siège de Courtrai.

Tous cinq étaient enfant de :

Claude Mouchet, écuyer, seigneur de Comigny et d'Azu, guidon de la compagnie de gendarmes du seigneur de Torannes, l'an 1648 est élu de la noblesse du Charolais, l'an 1648, et de Marie de Saint-Clément, qu'il épousa le 23 décembre 1638, fille de Pétrarque de Saint-Clément, écuyer, seigneur de Coyangoux et de Melchiocre de Chyni :

Que ledit Claude Mouchet maintenu dans la qualité de noble et d'écuyer tant par arrest du conseil d'État et lettres-patentes du 30 avril 1668, que par ordonnance de M. Bouchu, commissaire départi dans ladite généralité de Dijon, du 31 mai 1669, eut pour père et mère :

Adrien *Mouchet*, écuyer, sieur de Sérigni et du Pont, capitaine d'infanterie dans le régiment de Tavannes et Claude Berthot, qu'il avait épousée avant le 19 mars 1601. Que ledit Adrien eut pour frère Daniel Mouchet, qui a fait la branche des seigneurs du Vaugelle et Claude Mouchet, seigneur d'Azur, gouverneur du fort de saint Jean de Losne et qu'ils étaient enfants de noble :

Guion Mouchet, seigneur de Château-Roland, bailli et juge enquêteur au pays de Charolais, lequel fut institué dans cet office le 21 octobre 1559.

Seigneurs de Vaugelle.

Daniel *Mouchet*, sieur de la Beluze (second fils de Guiou Mouchet, seigneur de Château-Roland et d'Antoinette Perrenot), épousa le 8 octobre 1566 Antoinette de Carrouge, fille de Claude de Carrouge, avocat à Charoles, et d'Antoinette Duverdier. Il fut tué d'un coup de fauconeau au siège de Paris l'an 1589, servant alors en qualité de capitaine d'une compagnie de gens de pied et laissa pour enfants :

Antoine Mouchet, ci-après, et Pierre Mouchet, homme d'armes de la compagnie du sieur de Vaugrenant.

Antoine *Mouchet*, écuyer, sieur de la Beluze, épousa le 13 janvier 1608, Pérette Burnot, fille de noble Octavien Burnot, sieur de la Vallée et de Claude Mercier.

Daniel Mouchet, IIe du nom, leur fils, écuyer, sieur de Vaugelle, de Saint-Martin et de Lotingen, capitaine dans le régiment d'Aumont, commandant au fort de Mont-Hulin, en Boulenois, chevalier de l'ordre du Roi, l'an 1657 : et maréchal de camp par brevet du 25 février 1658 fut marié le 25 novembre 1652 avec Antoinette Gautier, veuve de Jean Monet, écuyer, sieur de Bulot et fille de François Gautier, bailli de Boulogne-sur-Mer et de Jeanne le Roi ; lui et sa femme firent un testament commun le 25 juin 1689 et laissèrent deux enfants, savoir :

Louis-Marie *Mouchet,* sieur de Vauzelle, successivement capitaine d'infanterie dans le régiment de Turignan, l'an 1676, Major du régiment d'Aumont, cavalerie, l'an 1688 et sergent major du régiment du Perche, etc., lequel mourut à Mantoue d'une blessure qu'il avait reçue à la cuisse dans une rencontre sur la Seuhiâ : et Daniel-François *Mouchet*, seigneur de Vauzelle de Saint-Martin et de Lotingen, major du régiment de cavalerie d'Aumont, l'an 1687, puis du régiment de la Vallière, l'an 1695 et de celui de Fontaines, l'an 1705, chevalier de l'ordre militaire de Saint-Louis, etc. Il fut maintenu dans la qualité de noble et d'écuyer par ordonnance de M. Bignon, commissaire départi dans la généralité d'Amiens, du 4 avril 1705, et de son premier mariage accordé le 17 mars 1695, avec Angélique-Françoise d'Audegaut, seigneur d'Hubersan, mestre de camp et lieutenant-colonel du régiment de cavalerie de Roquépine et de Louise de Maulde ; il eut une fille nommée Louise-Angélique *Mouchet*, née le 16 février 1696.

Il épousa en secondes noces, le 22 janvier 1700, Anne-Caterine Eude, fille de Charles Eude, écuyer, seigneur d'Aunoi et de Marie-Charlotte de Saint-Vincent et il mourut le 13 février 1712, laissant pour enfant de cette seconde femme : 1° Jean François ; 2° Alexis Mouchet, tous deux écuyers ; 3° Jeanne-Clémence et 4° Marie-Barbe-Antoinette-Louise-Françoise Mouchet, celle-ci née le 12 novembre 1707, et reçue à Saint-Cir, le 1ᵉʳ novembre 1716, sur les titres qui furent produits alors pour sa réception et qui justifient les degrés ci-dessus.

De gueules à trois émouchets d'argent, posés deux et un.

1° Olivier-Louis-Joseph de France, écuyer, seigneur de Landol, demeurant dans la ville de Rennes, naquit le 3 octobre 1693 et fut marié le 6 janvier 1714 avec Anne-Modeste Gautier, fille de noble homme François Gautier, sieur de la Palissade et de Marie *Toret* : 2º Il en a eu pour enfants : Olivier-Joseph-Marie de France de Landol, né le 3 décembre 1714 et reçu page du roi dans sa petite écurie le 20 septembre 1829 et Anne-Nicole de France de Landol, reçue à Saint-Cir le 1ᵉʳ juin de la même année, 1729, sur les titres qui furent produits alors pour leurs réceptions, lesquels justifient que ledit Olivier-Louis-Joseph de France, comme héritier principal et noble, donna à Marie-Angélique de France, sa sœur, femme de Joseph-Hiacinthe-François Boislire, écuyer, seigneur de Chambolan, conseiller au parlement de Bretagne, son partage noble dans la succession de Marie du Verger leur mère, le 25 septembre 1723, du consentement de Olivier-Joseph de France, leur père, écuyer, seigneur de Blerûais et de Landol, qui fut marié le 1ᵉʳ mai 1690 avec ladite Marie du Verger, fille de noble homme Michel du Verger, sieur de la Morandière et d'Olive Le Clavier; que ledit Olivier-Joseph, suivant une copie imprimée qui a été fournie, obtient des lettres patentes en forme de Charte datées du mois d'avril 1716, par lesquelles, en considération de l'ancienne noblesse de l'exposant, sa Majesté érige en titre et dignité de comté la terre seigneurie et ancienne Chatellenie de Landol mouvante du Roi et des comtés de Combour et de Dol. Ces lettres signées *Louis* et plus bas, par le Roi, le duc d'Orléans, régent, présent Phelypeaux, et scellées, ne paraissent point avoir été registrées pour jouir par l'impétrant de leur contenu. Que ledit Olivier-Joseph de France eut pour père et mère :

Claude de France, écuyer, seigneur des Vergers et de Blérûais et Marie de Laval, dame de la Guichardière, qu'il épousa le 26 juillet 1665, fille d'Antoine de Laval, écuyer, sieur de la Touche et de Françoise Ringue. Ledit Claude, fils de :

Jean de France, écuyer, sieur de Fontenio et de Bertranne Mauri, dame de Tourger, mariée le 11 janvier 1599 et nommée tutrice d'Olivier, de Claude, de Gilles et de Jeanne de France, ses enfants, le 1ᵉʳ août 1628. Que ledit Jean de France était fils et héritier principal et noble de :

Thomas de France et de Jeanne de Fonténio avec laquelle il était marié avant le 25 juin 1566 et dont l'inventaire des biens fut fait après sa mort le 8 mars 1614. Que ledit Thomas était frère, puiné, de nobles hommes, François de France, écuyer, seigneur de France, dans la paroisse de Guignen, évêché de Saint-Malo et qu'ils eurent pour père et mère, nobles gens :

Pierre de France, sieur de France, du Val et du Plessis-Cohan, l'an 1513, et Raoulette de Saint-Pern, morts avant l'an 1559.

Cette famille, qui a produit d'autres branches, dont on n'a point encore ici justifié les filiations a été déclarée noble et issue d'extraction noble par arrest des commissaires de Bretagne, du 7 novembre 1668, et elle porte pour armes : D'argent à trois fleurs de lis de gueules posées deux et une.

Mouchet de Laubépin : maison noble et ancienne du comté de Bourgogne.

Humbert Mouchet, seigneur de Villefraine et de Beauregard, né à Poligny, vivait vers le milieu du XIIIe siècle. Il eut de Mairie de Chissel, son épouse :

Humbert Mouchet, deuxième du nom, seigneur de Villefraine et de Beauregard, marié à Pauline de Viry fille de Blaise Viry, en Genevois, seigneur de Moncourt et de Renée de Rivoire dont : Jean, qui suit, et Gui, commis par le Roi d'Espagne pour prendre possession du comté de Charolais par le traité de Cateau-Cambrésis.

Jean de Mouchet, seigneur de Villefraine et de Beauregard, capitaine du château de Grimont, trésorier général du comté de Bourgogne et ambassadeur de l'empereur Charles Quint, en Suisse, épousa Louise de Buttfort, fille unique et héritière de Léonel, baron de Tramelay et d'Arintho, trésorier général du comté de Bourgogne dont :

Léonel de Mouchet de Battfort, baron de Tramlay, comte d'Arintho, seigneur de Chateauneuf, Toissia, Saint-Colan, gouverneur du château de Grimont, chevalier d'honneur au parlement de Dole, créé chevalier par lettres du 29 avril 1602. Il releva le nom et les armes de sa mère et fit un testament publié au baillage de Poligny, le 12 novembre 1603. Il avait épousé: 1° une dame de la maison de la chambre en Savoie, dont il n'eut point d'enfants et 2°, par contrat du 31 août 1588, Barbe de Laubépin, fille unique et héritière de Claude, seigneur de Laubépin, baron de Varray et de Claude, dame de Fetigny dont:

Claude de Mouchet de Battfort, comte de Laubépin et d'Arintho, baron de Tramelay, commandeur de l'ordre Royal de Saint-Jaques en Espagne, mestre de camp d'un régiment d'infanterie, Valone, conseiller au conseil de guerre des Pays-Bas, premier maître d'hotel de l'archiduc Léopold, grand maître des eaux et forêts du comté de Bourgogne, chevalier d'honneur au parlement de Dole en 1652. Il releva le nom et les armes de sa mère et testa le 3 juin 1659. Il avait épousé par contrat du 23 décembre 1618, Catherine de Harley, fille de Christophe, comte de Beaumont, chevalier des ordres du Roi, gentilhomme de sa chambre, son ambassadeur en Angleterre, Bailli du Palais de Paris, gouverneur des villes et duché d'Orléans, capitaine de cent hommes des ordonnances de sa majesté, conseiller en son conseil d'Etat et privé et d'Anne Robert, dame d'Illinis.

Il en eut :

Charles Achille de Mouchet de Battfort, conseiller du Roi d'Espagne en son conseil de guerre, chevalier de son ordre d'Alcantara, colonel de cavalerie de Hauts-Allemands, grand écuyer, général du comté de Bourgogne et premier chevalier d'honneur au parlement de Dole. Il obtint du Roi d'Espagne l'élection de sa terre de Laubépin en comté par lettres du 17 mai 1649 et avait épousé par contrat du 11 octobre 1663, Charlotte de Nethancourt de Haussonville, veuve de François Poussard, marquis de Fors et du Vigean, gouverneur et comte de Sainte-Menehould, lieutenant général des armées du Roi et fille de Nicolas de Nelhanourt, comte de Vaubécourt, baron d'Osne et de Choiseul et de sa première femme Charlotte le Vergeur, dame de Chaleranges et de Pacy en Valois. De ce mariage vinrent: — Louis qui suit et Angélique-Marguerite, morte le 15 avril 1732, âgée de 51 ans, veuve de Charles Henri de Montmorency, seigneur de Neufry Paillaux, colonel d'un régiment de carabiniers, mort en décembre 1702, qu'elle avait épousée le 11 août 1697. Elle en avait eu — Hiacinthe-Louis de Montmorency, né le 2 juin 1698, mort jeune.

Louis de Mouchet Battfort, marquis de Laubépin, comte d'Arintho, baron de Tramelay et de Fétigny, premier chevalier d'honneur au parlement de Besançon, épousa par contrat du 25 mars 1687, Marie-Gabrielle de Saint Moris, fille de Ferdinand Mathieu, baron de Saint-Cyre, seigneur de Villeneuve, chevalier de l'ordre de Saint-Jacques, colonel d'un régiment d'infanterie de Hauts-Allemands au service du Roi d'Espagne, chevalier de la confrérie de Saint-Georges et de Claude de Séroz, celle-ci fille de Claude Beigne de Seroz baron de Choye et de Claude Thomassin de Montboislan.

On trouve Jean Moucheron vivant en 1289, selon un vieux titre latin assez difficile à déchiffrer, qui se trouvait au siècle dernier chez M. de Montamant, gouverneur du Palais-Royal à Paris, aïeul maternel de M. Moucheron, qui a produit la généalogie suivante :

Elle remonte à Robin de Moucheron, écuyer, vivant en 1350, qui eut pour fils.

Mahé de Moucheron, sieur des Cœuvres, qui servit en qualité de gendarme et épousa Robine de Bouley dont:

Louis de Moucheron, écuyer, seigneur de Bouley, terre située aux environs de Verneuil au Perche.

Il laissa :

Jean de Moucheron, seigneur de Boulay, qui se maria avec Marguerite de Cœuvres, d'une bonne maison de Picardie. Il en eut :

Pierre de Moucheron, écuyer, qui partit en 1504 pour la Flandre et épousa demoiselle Isabeau Gerbier, de la ville de Mildebourg, en Zélande. De ce mariage sortirent treize enfants, suivant un acte de partage de 1557 passé à Anvers et entr'autres :

Georges de Moucheron qui vint s'établir en Bretagne en 1575. Il y épousa Mathurin Le Couvreux, de la ville de Vitré. Le Roi Henri III lui accorda des lettres de naturalisation attendu qu'il était d'Angers, qui furent enregistrées en la

Chambre des comptes de Bretagne, avec une enquête ordonnée à Verneuil pour vérifier de sa noblesse et de son origine. Ses biens furent confisqués par le duc de Méruer pour n'avoir pas pris parti pour lui dans le temps des guerres de Bretagne (vers 1600). Il eut pour fils :

Jean de Moucheron, II du nom, écuyer, né en Bretagne, qui épousa en 1627, demoiselle Marguerite Huon, de la maison de Kermades dans l'évêché de Léon, dont :

Sébastien de Moucheron, écuyer, seigneur de Prémenu, né en Bretagne en 1628, déclaré noble d'extraction, par arrêt rendu en la chambre de la réformation du 14 décembre 1668, au rapport de M. Huart.

Louis de Mouchet-Battfort, marquis de Laubépin, comte d'Arintho, baron de Tramelay et de Fétigny, premier chevalier d'honneur au parlement de Besançon.

Charles Joseph de Mouchet, marquis de Laubépin, comte d'Arintho, baron de Tramelay, seigneur de Voisca, Curnin, Villette, Holiferne, la Balme et Montcroissant, chevalier de la confrérie de Saint-Georges, élevé page du duc de Lorraine, puis chevalier d'honneur au parlement de Besançon, 1610.

Nicolas de Melian était gouverneur des Salines de Dieuze, Marsal de Moyennic, Chatelain de Dieuze, arrière petit-fils de Thirion de Melian, procureur général de Lorraine sous le duc de Charles Ier et Nicolas de Melian eut d'Agnès de Valhai dite de Frouart son épouse :

Françoise de Melian mariée 1° à Adet de Bouillac, capitaine de la Mothe et gentilshomme du duc René ; et 2° à Claude du Chatelet, IIe du nom, seigneur de Bulgueville, vivant en 1558.

Les armes : de gueules, à la bande d'argent, chargée de trois bustes d'hommes chaperonnés de sable.

De Mousseau figure dans un extrait du 7e compte de Guillaume de la Croix conseiller, et l'un des trésoriers des guerres du roi pour un an commencé le 1er janvier 1484.

Jean de Mousseaux était sous Robin de Malherbe, seigneur de Loneau.

On y voit figurer un de Moucheron, qui d'après toute indice devait être en Touraine, car dans une lettre des députés des États au roi on lit ceci : « Selon la parole il vous pleut leur donner dernièrement à Tours pour en tenir compte en ce pays, commander les lettres de révocation de la commission dudit Moucheron être scellées. »

On retrouve dans le rôle de gens d'armes de monseigneur le duc de Vandosme un Ogilles de Moucheron, sieur de Lavernand, demeurant en la paroisse de Saint Maurice, pays du Perche.

On trouve un André de Moucy dans un rôle de la revue faite à Dinan le 2 septembre 1489 étant commandés par monseigneur de Rohan.

On trouve figurer dans la publication du document précédent aux Plaids de Ploermel Louis Mouraud procureur général le 29 mars 1462.

On trouve figurer dans un rôle de la revue faite à Saint-Quentin en Vermandois le 1er janvier 1505 un Pierre de Mourlau.

On trouve dans un rôle des gens de guerre qui se trouvaient au fort Saint-Michel en 1576 un Julien de Moussu.

On trouve dans le sixième compte de P. Landois, trésorier-général de Bretagne depuis le 1er octobre 1468 jusqu'au 30 septembre 1670 : A 975 livres à Jehan de Moussy pour plusieurs parties de garde-robes qu'il a baillées à ma demoiselle.

On trouve à Rouen dans une liste des seigneurs normands qui prirent part à la conquête de l'Angleterre le nom du seigneur de Moucy.

On trouve de même dans cette pièce le sieur de Mouhaut et le sieur de Moucheusy.

Monsieur Jean de Mousure d'argent à une croix noire à cinq fermants d'or sur la croix. Moucheron 308, 367, 423. Mouchaud 326.

Je, Jean Mouchot, commandant principal pour les guerres aux départements de Champagne Plaies de Lorraine et de Luxembourg jointes confesse avoir reçu comptant de monsieur de Roymeux, trésorier-général de l'ordinaire des guerres la somme de six cents livres à moi ordonné pour les deux quartiers de mes gages de l'année 1592 à cause de mon dit office de laquelle somme de six cents livres, je me pourvois d'un acquit le sieur de Remilly trésorier-général tous témoins de mon seing le 1er février 1530. — Signature...

Dame Louise de Moucy, enfant de feu messire Museon.

On retrouve un Claude Mouchot, écuyer, garde du corps.

On retrouve un Mauchit.

Naissance le 1er juin 1687 de Dominique Mouchot, fils de Dominique Mouchot et de Françoise de Frans.

Vers 1690 naissance de Françoise Mouchot, fille de Nicolas Mouchot et d'Anne sa femme dans les registres de Marthil.

DE MOUSSY

Jean de Moussy, écuyer, sieur de la Motte-Fleury, maître-d'hôtel des rois et reines de Navarre, capitaine d'Yssoudun. Blason : Porte d'or, au chef de gueules, chargé d'un lyon passant d'argent, 1525.

Il est père de :

II. Louis de Moussy fit for et hommage des fiefs à lui appartenant le 15 juin 1538 d'où :

III. François de Moussy conjoint par mariage avec Anne de Chasty l'an 1566 d'où :

IV. Gilbert de Moussy, sieur de la Motte, épousa Anne de Vignolles, fille de Claude, écuyer le 2 juillet 1595 d'où :

V. Charles de Moussy allié par mariage avec Gabrielle de Bois-Linards, fille de Louis, écuyer, sieur de la Tour, le 26 février 1629 d'où :

VI. A Jean de Moussy, sieur de la Motte-Marçay.

B. Louis de Moussy, capitaine au régiment des gardes.

Madelaine de l'Aubespine épousa en premières noces Albert de Grandrie, sieur de Vitry et de Mousseau.

Le sire de Muivet, d'or à une fesse d'azur.

Monsieur Jean de Beaumanoir de la Motte semblable à un sabel de gueules.

Dans le Vermandois et le Beauvoisin, on trouve M. Melinet de Mony. comme ayant figuré au siège de Jérusalem : d'or à un sauteur de gueules et quatre merlettes de gueules.

Dans le Bannerois : Pierre de la Motte, d'azur à un fer de moulin d'or.

Jean de Mouchetre (Normandie).

Jean de Minegros   id.

Dreux de Moucy   id.

M. Foez de Château-Brehain, lieutenant-général au pays messin, 1737.

M. de la Mouchour, receveur général des finances à Moulins.

Voir M. de Vic dans l'Armorial.

Moucheau, payeur des rentes de l'Hôtel-de-Ville de Paris.

Moureau, avocat.

Mouchet, syndic de la librairie, 1737.

Les armes de Vic sont : de gueules à deux bras et mains droites jointes ensemble, mouvant des deux flancs et posés en face d'argent, et en chef, un écusson d'azur, chargé d'une fleur de lis d'or et d'une bordure de même.

On trouve à propos de Vic : Guillaume de Thézan, seigneur de Pujol, baron de Mercairols, marié à Anne de Montlaur, fille de noble et puissant homme Tristan de Montlaur, seigneur de Saint-Maximin-de-Cornou-Terrail, de Vic d'Aumey, etc., et de noble et généreuse dame Helise d'Uzès.

On rencontre un Gabriel de Moucheron devant vivre vers 1606, diocèse d'Évreux.

Claude-Philibert Mouchet, écuyer, sieur de Beaumont, garde du corps du Roi, puis lieutenant de dragons dans le régiment de la Reine, demeurant dans la paroisse de Notre-Dame de Gourdon, diocèse de Châlons-sur-Saône, fut maintenu dans la noblesse par ordonnance de M. Ferrand, maître des requêtes et commissaire départi dans la généralité de Dijon, du 21 mars 1698.

Jean de la Bonexière.

Claude de Mouchy, et de Grandier, conseiller du Roi en sa cour et Parlement de Metz, 1654.

Jean de Moucy, figure comme trésorier de France en Champagne jusqu'en 1672 et, peut-être plus, il semble être le frère de Claude.

Il y avait également Pierre.

Philippe de Moucy.

Armand Jean de Moucy, chevalier, seigneur de Ditviller et de l'Espine.

Il y eut un Guillaume de Moucy en 1300.

Antoine de Mouchy, 1636.

Il y a également un Yvon de Moucy 1607, seigneur de la Tourraine (en Tourraine).

Théodore Mouchot de Mouchy en 1578.

Philippe de Noailles, duc de Mouchy, maréchal de France, naquit en 1715, le 7 décembre.

Philippe-Louis-Marc-Antoine de Noailles, duc de Mouchy, prince de Poix, est fils du duc de Mouchy et d'Anne d'Arpajon. Il naquit le 21 novembre 1752. A dix-sept ans, il épousa la fille du prince de Beauveau, capitaine des gardes. Avant la Révolution il était pair de France, grand d'Espagne et capitaine des gardes du Roi.

Charles de Mouchy, maréchal de France, est né en 1559, d'une famille ancienne. Il fit ses premières armes en Italie, nommé maréchal de camp en 1639, il combattit à Morhange, en Lorraine, puis se rendit en Allemagne pour y commander une division. Il fut aussi nommé bailli de Gand, en Belgique.

En 1572, il y eut un marquis de Grandidier qui fut brûlé vif à Loudun.

Je copie textuellement, mais la note ci-dessus me semble dénaturer l'histoire du curé Urbain Grandier et des diables de Loudun (note du copiste).

Dominique de Mouchot, commandant la place de Badouviller, en Lorraine, en l'an 1660.

Il eut un fils nommé Dominique, qui était maréchal-des-logis, à Marsal en mars 1672 (ou 5), qui se maria contre le gré de son père, la même année.

Die 21 julii 1654. Georgus Hupert et uxor ejus Elisabeth Villicus feu Maierus de Landorf, baptizari cararunt filiam sibi natam quam insceperunt Michel, bum Maierus ex Senninger ejus loco stetit Joannes Schoumert villicus Moraniensis et Anna-Maria uxor ejus nobilis de banlieu vocata est filia Anna Maria.

Die 13 januarii 1654, Eltzer de Garttbéry, uxor ejus Agnès Renouciry.

Die 22 septembris 1653, circa horam secundam maximo cum dolore et periculo mortis nata et filia foi Hupert et Suzanna uxoris ejus nepoti foi Reinig et archipresbyteri capituli Moraniensis quæ baptizata est die.

L'an mil sept cent huit, le 21 juillet, je Nicolas-Jacque, curé de Vary et de Vannecourt son annexe ai reçu les promesses de futur mariage entre Jean Gentilhomme, veuf de cette paroisse, d'une part, et de Marie Dreffer, jeune fille aussi de cette paroisse : fille de Claude Dreffer et d'Élisabeth de (Mullois) Muller ses père et mère, d'autre part de cette paroisse, et ai proclamé les trois bans par trois divers jours sans que il ait eu aucun empêchement et ai célébré le mariage en la chapelle dudit Vannecourt en la manière accoutumée, en la présence de Nicolas Coffé, du sieur Thomas, recouvreur amodiateur de la terre et seigneurie de Vannecourt, Claude Dreffer, du sieur Jacque Mellair, maire audit Vannecourt, d'Adam Suize, tiers dudit Vannecourt et de Jean-François Clasquin de la Grande Resange qui se sont soussignés avec moi.

Resange la Grande

L'an 1713, le dixième février, je, Nicolas Jacques, curé de Vary et de Vannecourt, son annexe, ai reçu les promesses de mariage d'entre François Mouchot, fils de Demange Mouchot et de défunte Françoise de Frans, ses père et mère, de cette paroisse, d'une part, et de Marie Dreffer, fille de Claude Dreffer et de défunte Elisabeth Melleur ses père et mère, aussi de cette paroisse, d'autre part, et ai proclamé les trois bans à trois divers jours de dimanche à l'accoutumée, sans qu'il y ait eu aucune opposition ou empêchement et ai célébré le mariage dans la chapelle dudit Vannecourt en présence de Jacques-Paul, du sieur recouvreur amodiateur de la terre et seigneurie de Vannecourt, du sieur Jean Thynian, de Jacques Melleur, de Denys Melleur et de Dominique Melleur qui se sont soussignés avec les parties.

Claude Dreffer, Elizabeth Melleur, Marie Dreffer.

Demange Mouchot, parrain, en 1682.

Elisabeth, fille de Nicolas Mouchot, 1683, Marthyl.

Le 27 juillet 1683, naquit François Mouchet, fils de Demange Mouchot et de Françoise de Frans.

Sébastien Mouchot, fils de Dominique Mouchot, 19 novembre 1711. Brehain.

Marie Mouchot, fille de Claude Mouchot et de Marie Tonnelier de Dandroff.

Jean-Colin Mouchot, 1703.

Le 16 novembre 1699, après les fiançailles faites et les publications de mariage faites entre honneste jeune homme Jean Tyrion, fils de feu honorable Simon Tyrion et de Françoise Schammest, de notre paroisse, et honnête jeune fille Elisabeth Chont, fille d'honorable Philippe Chont et d'honnête Jeanne Mouchot, aussi de notre paroisse.

Le 19 février 1677, après les fiançailles et les publications de mariage faites entre Philippe Pluyner, fils de Nicolas Pluyner et de Catherine Paul de notre paroisse, et Suzanne Hupert, fille de feu Jean Hupert et de Marie Muller, de la paroisse de Lenning-Attroff.

Il a été demandé à Inoning :

1° acte de naissance de Jean Clément ;

2° acte de mariage de Nicolas Clément avec Françoise Mouchot.

Curé de Vannecourt, 10 novembre 1681 :

1° mariage de Nicolas Clément avec Françoise Mouchot, qui a dû avoir lieu de 1700 à 1720, acte de mariage de Demanche Mouchot avec Françoise de France.

Le 4 novembre écrit au curé d'Hunkirets et lui a demandé l'acte de mariage de Michel Honpert avec Anne-Marie Bouman et celui de Barbe Honpert, né le 13 octobre 1752.

Mariage de Demanche Mouchot avec Françoise de France.

Voir Gavelize, canton de Nü (Lorraine).

Id. Bezange la grande, canton de Nü (France, Meurthe).

Id. Bezange la petite, canton de Nü (Lorraine) 1675 à 1690.

Mariage de Nicolas Clément avec Françoise Mouchot, de 1700 à 1716.

A Halley, canton de Lunéville (Meurthe).

A Hélimer (Moselle).

Au greffe du Tribunal civil de Lunéville (Meurthe).

Acte de naissance de Nicolas Clément, né à Serres en 1675 à 1695.

Voir les registres de Valhey, pour voir son mariage avec Françoise Mouchot.

Au greffe du tribunal civil de Nancy (Meurthe).

Acte de naissance de Nicolas Clément, né à Velaine sous Amance de 1675 à 1695.

A Brioncourt.

Demander l'acte de naissance de Françoise Mouchot, et son acte de mariage avec Nicolas Clément.

Monsieur,

D'après certains renseignements que j'ai pu me procurer à Paris, je suis convaincu qu'il existe aux Archives départementales de Nancy des documents concernant la famille Mouchot. J'ai trouvé aux Archives Nationales de Paris un acte par lequel le duc de Lorraine confère au sieur Jean Mouchot, garde général des magasins et vivres de Nancy, les droits de Haute-Justice sur le village de Houdemont) en l'an 1645, en novembre. Il se pourrait aussi que parmi les comptes des Gruyers du baillage et siège présidial de Lunéville et de Pont-à-Mousson on trouve des Mouchot. Il y aurait à consulter de 1640 à 1685. Si, empêché par vos savants travaux historiques vous ne pouvez faire vous-même ces recherches et me procurer tous les noms et renseignements sur la famille Mouchot (quelque soit l'orthographe de ce nom) veuillez avoir la bonté de me dire à qui je pourrais bien m'adresser et me fixer la somme que je devrais faire parvenir.

Dans l'espoir d'une prompte réponse,

Veuillez agréer, Monsieur, l'hommage de mon plus profond respect,

Signé : Mouchot.

Voyez les papiers du Parlement de Metz qui a siégé quelque temps à Toul,

Je, soussigné, Jean Mouchot, seigneur de la Motte, conseiller du roi au baillage et siège présidial de Noyers, confesse avoir reçu de monsieur Duc, conseiller du roi, receveur des tailles, en laisse la décharge, la somme de cinquante livres pour les gages attribués à mon dit office pendant l'année de 1706, et la somme de soixante-dix-sept livres quinze sols six deniers pour mon augmentation de gages, commencé par le 10 du mois de juillet 1702, dont je le quitte ce jour.

Fait à Noyers, le vingt-trois avril mil sept cent cinquante-sept.

Signé : Mouchot de la Motte.

En la présence des conseillers du roi, notaire de Sa Majesté.

Alexandre Mouchot, guide, garde du corps de monsieur, fils de France, fils unique du roi, duc d'Orléans, a confessé avoir reçu de noble homme messire Jean Udouin, conseiller du roy, trésorier-payeur de la compagnie desdits gardes, la somme de cent quatre-vingt livres à lui ordonnées pour son quartier de janvier, février et mars de la présente année 1675, dont quittance fait et passé à Paris par devant lesdits notaires l'an 1675 le deuxième jour de mai.

Par quittance devant Gourdin qui en a la minute et son confrère notaire à Paris le vingt décembre mil sept cent neuf.

Appert sieur Pomai, écuyer, sieur de la Forge, demeurant à Paris, rue du Colombier, paroisse Saint-Sulpice comme procureur fondé de procuration de messire Louis Mouchot et de Saint Louis, substitut de M. le procureur du roi et la maréchaussée de Tonnerre et de Cosne Mouchot, sieur de Lochepière, passé par devant Bailly, notaire royal en la ville de Tonnerre, présents témoins le neuf octobre dernier (illisible) de procuration de Eustache Mouchot de la Motte, chevalier de l'ordre de Saint Louis, capitaine au régiment de Santerre, écuyer, seigneur de Villechétif, conseiller du roi au baillage et siège présidial de Troyes :

Il a été :

Claude Mouchot, seigneur de Volignez, premier échevin de la ville de Tonnerre (Volignez).

Eustache Mouchot de la Motte, capitaine au régiment de Santerre. Claude Mouchot de la Motte au siège présidial de Troyes.

Marie Mouchot de la Motte, femme de Louis Mouchot de Saint-Louis.

Edme Mouchot de Lochepière.

Nous, Louis de Mouchot, lieutenant de la compagnie de Saint-Martin au second bataillon de Normandie, confessons avoir reçu comptant de M. Charles Renouard, sieur de la Touane, conseiller du roi, trésorier général de l'extraordinaire de sa guerre de cavalerie légère, par les mains de son commis, la somme de cinquante-sept livres à nous ordonnée pour nos appointements des seize derniers jours de mai et de ce mois de juin de l'année 1692.

Je soussigné Jehan Mouchot étant assisté du Tabellion de Tonnerre, confesse avoir reçu de M. Charles Prof...

On retrouve dans un acte de 1620 un de Mouchy, sieur de Fresne.

Louis de Mouchot lieutenant au second bataillon de Vermandois.

Par quittance passée devant Delantin, notaire, soussigné, le 12 mars.

Appert Eustache Mouchot de la Motte, au nom et comme pour Eustache Mouchot de la Motte son père, (capitaine au régiment de Santerre, de François de Camusat, secrétaire du roi et de Claude Mouchot de la Motte, femme de feu Baptiste Auguenoust, seigneur de Villechétif, conseiller au siège présidial de Troyes, et de Marie Mouchot de la Motte, femme de messire Louis Mouchot de Saint-Louis, et d'Edme Mouchot de Lochepière, avoir reçu du roi la somme de deux mille livres pour l'office de premier échevin de l'Hôtel-de-Ville de Tonnerre.

On retrouve en 1417, un Jehan de Mouchy, capitaine aux gardes du corps qui figure dans une quittance de contrat où il est parlé d'un seigneur de Mouchot son parent du côté paternel.

Guion Mouchet, seigneur de Château-Roland, bailli et juge

enquêteur au pays de Charolais, en 1559, figure comme très près parent de Gilbert de Moussy, sieur de la Motte.

On renvoi dans un acte postérieur que la seigneurerie et terre de la Motte était tombée dans une autre branche de la famille. Ce n'est guère qu'à cette époque que commencent à figurer les Mouchot de la Motte, tandis que de cette date on ne retrouve plus de Moussy ou Mouchy de la Motte.

Du Mouchet de la Mouchetière et de Saint-Eman dans le Perche et le pays Chartrain.

Dominique L'Huillier, qui par ses bons services était arrivé successivement au grade de colonel commandant à Dieuze, à Heyligmer, etc., a été ennobli par Charles IV, duc de Lorraine, le 17 janvier 1646.

DE LA TOISON D'OR

ARMES DE VIENNE

Messire Guillaume de Vienne, sieur de Saint-Georges et de Sainte-Croix.

Il portait de gueulle à l'aigle d'or, timbré d'un borlet d'or, surmonté d'un corps d'homme, naissant sans bras, panaché d'or et de gueulle.

Il était bailly de Bourgogne.

ARMES DE POT

Messire René Pot, sieur de la Prune et de la Roche-Melay.

Il portait d'or à la face d'azur, escartelé et eschiqueté d'or et de gueulle ; timbré d'or, surmonté d'un gerfaux naissant, d'azur pennaché d'or et d'azur.

ARMES DE ROBAIS

Messire Jean, sieur de Robais et d'Hevrelles.

Il portait d'hermines, au chef de gueulle, timbré d'or, surmonté de jambes d'armes d'argent, enrichies d'or, pennaché d'azur et de sable.

ARMES DE DUTQUERQUE

Messire Rolant de Dutquerque, sieur de Hensrode et de Heestrunt.

Il portait d'argent à la croix de sable, chargé de cinq coquilles d'or, timbré d'or, surmonté d'un lévrier d'argent naissant accolé de gueulle, au bord et anneau d'or, pennaché d'argent et de sable.

ARMES DE VERGY

Messire Antoine de Vergy, comte de Dammartin, sieur de Champlette et de Rigné,
Il portait de gueulle à trois quinte-fouillés d'or, timbré d'or, à l'aigle d'or pennaché d'or et de gueulle.

ARMES DE BRIMER

Messire David de Brimer, sieur de Ligny.
Il portait d'argent à trois aigles de gueules, becquées et membrées d'azur : escartelé d'argent à la bande gueulle, timbré d'or, comblé de corone d'or, surmonté d'un signe exploié, ou bien d'un vol d'argent, pennaché d'argent et de gueulle.

ARMES DE LANNOY

Messire Hue de Lannoy, sieur de Santes.
Il portait d'argent à trois bijous de synope, coronés d'or, lampassés de gueulle à la bordure, endentée de même : timbré d'or et coroné de même, surmonté d'une tête de licorne d'argent au crin et corne d'or, pennaché d'argent et synope.

ARMES DE COMMINE

Messire Jean, sieur de Commine.
Il portait de gueulle à un chevron rompu d'or accompagné de trois coquilles d'argent, ligne de sable, timbré d'or, surmonté d'une tête de cheval de sable, ou d'un lévrier pannaché d'or et de gueulle.

ARMES DE TOLONGEAU

Messire Antoine de Tolongeau, sieur de Tranes la Bastié, mareschal de Bourgogne.

Il portait de gueulle, trois jumelles d'argent escartelé de gueulles à trois chevrons d'or, pércés en jumelle : timbré d'or, surmonté d'un lévrier d'argent accolé de gueulle (alias d'or) pennaché de gueulle et d'argent.

ARMES DE LUTZEMBOURG

Messire Pierre de Lutzembourg, comte de Saint-Paul Conversan et de Brienne.

Il portait d'argent au lion de gueulle à la queue nouée et passée en saulteur; coroné, armé et lampassé d'or (aliás sans corone), timbré d'or au chapeau comtal, surmonté d'un dragon d'or volant, pennaché d'argent et de gueulle.

Parmi les maîtres des requêtes au conseil d'Etat du roi de France, on trouve un M. de Machaut, 1704.

Parmi les secrétaires du conseil privé du roi on voit un M. de Mossu.

M. de Massuau, membre du grand conseil du roi, 1604.

M. Mousle de Champigny, trésorier du marc d'or, 1704.

M. du Mouchau, conseiller clerc au parlement ou grande chambre.

Ribaudon du Mouchau, conseiller à la troisième chambre des enquêtes pour l'année 1704 au Parlement.

Parmi les receveurs généraux pour les bois et domaines, on trouve pour la Bretagne M. Moussé de la Thuillerie.

Mouchet-de-Beaumont, en Bourgogne.

D'Auga de Moussai, en Béarn.

De France de Landol, en Bretagne.

Dame Madeleine de Laborde, veuve de deffunt Mouchet, escuyer, sieur de Beaulieu, disant qu'il y a quatre ans ou environ, que le deffunt sieur du Mouchet fut assassiné à Belesme sans qu'elle ait jamais peu découvrir les auteurs, ayant laissé trois enfants: François Gilles du Mouchet, sieur de Beaulieu, Pierre du Mouchet et damoiselle Marie du Mouchet, qui demeure auprès de la veuve et Pierre étant à l'armée, au service du Roy, le dit Gilles du Mouchet étant sur les lieux à ne rien faire, accompagné toujours de grand nombre de canailles, pour enlever toutle bien de la veuve qui ne possède rien de rien du deffunt sieur de Mouchet son mari : Ce sieur du Mouchet était à l'armée, il se retira pour vivre après la mort du sieur de Mouchet, son père, lequel le mit en possession de tous les biens appartenant à son père, et même de ceux que jaurais pris et enlevé par les alliances ; les meubles, le produit de deux cent minots de bled appartenant à la veuve, laquelle ayant obtenu permission du bailly de Villeroi, portant permission de reprendre les bestiaux meilleurs et grands, le dit Gilles du Mouchet s'y serait opposé à main armée, accompagné d'un grand nombre de sa trempe, ayant posé diverses fois le fusil sur la gorge de sa mère, blasphémant le saint nom de Dieu, que si elle ne se taisait il lui casserait la tête sans considérer sa qualité de mère, et elle savait qu'elle serait obligée de se retirer sans pouvoir sortir de chez elle, ayant été obligée de se retirer dans la ville de Noyons, à cause des menaces constantes que le dit Gilles du Mouchet lui faisait, laquelle ayant été guettée dix fois par quatre débauchés, la dite suppliante pour l'assasiner, le peu avoir des désagréments, la dite suppliante étant allée à la maison dudit de Mouchet avec ses laquais pour y prendre quelques meubles, ledit Gilles du Mouchet, sortit par force et par violence, ladite suppliante, la blessa à la jambe et chassa son cheval, lui ôtant la bride afin de l'obliger de s'en retourner à pied et ladite suppliante fut si mal traitée que deux hommes qui la trouvent déposent ladite suppliante sur leur char et elle serait morte sans leur assistance, de qu'oy ayant donné sa plainte par devant le juge de Villeroi et fait crier quelques témoins et depuis lequel jour ladite suppliante année par année, il a enlevé tous les biens de ladite suppliante après avoir fait brûler la moisson, fait des faux, de faire juger devant le bailly, etc.

Nous tous que ces présentes lettres verront maires et échevins, de la ville de Montreul-sur-la-mer salut, savoir faisons que nous avons fait en français des livres et registres de ladite ville, où l'on a à transcrire et enregistrer les pactes et désaisissement fait pour nos bourgeois des héritages échus et assis en ladite ville et à baillage d'icelle dont la tenue faisait.

Jean Daniel du nom et commis procureur de M° Pierre de Mouchey estant seigneur de Montreuil-sur-mer, pour et au profit dudit seigneur.

Nous, Pierre du Mouchet, seigneur de Saint-Quentin, guidon de la compagnie de cinquante lances des ordonnances du Roi, étant sous la charge et conduite de M. de Rilleguise Laisné, capitaine d'icelle, confessons avoir eu et reçu comptant de M. Calmet, trésorier du Roi et trésorier ordinaire de ses guerres, par les mains de Banque le Mousfoux, trésorier payeur de cette compagnie la somme de soixante-six écus douze livres à nous ordonnés pour nos états de guydon et place d'hommes d'armes.

Mouvance de la Bretagne, 87, 724, 749, 763, 773, 775.

De la Motte 200 ou 206, 362, 475, 483, 488, 478, 502, 772.

PIÈCES A CONSULTER.

Ordonnance de Saint-Louis, en 1256 (sur la noblesse).
Ordonnance de 1270 (noblesse).
Ordonnance de Philippe IV en 1274.
Ordonnance de Philippe V, dit le Long, mars 1320.
Pouvoir donné aux gens des comptes, 13 mars 1339.
Ordonnance du 26 février 1361.
Edit de juillet 1368.
Mandement de Charles V, du 21 juillet 1368.
Lettres du 9 août 1371.
Lettres du 8 novembre 1371.
Lettres du 8 janvier 1372.
Edit du mois de décembre 1373.
Règlement du 18 mai 1373,
Ordonnance de la Chambre des comptes du 14 février 1375.
Ordonnance de Charles VI, du 11 février 1385.
Déclaration de Charles VI, du 5 août 1390.
Déclaration de Louis XI, du 9 novembre 1465.
Edit du mois de novembre 1482.
Lettres patentes du mois de février 1483.
Déclaration du 17 décembre 1485.
Lettres patentes du 17 juin 1487.
Déclaration du 6 septembre 1500.
Lettres patentes du mois de décembre 1518.
Déclaration du 26 mars 1543.
Déclaration du 9 mai 1547.
Déclaration du 12 juillet 1549.
Edit de Charles IX en 1560.
Déclaration du 22 avril 1561.
Déclaration du 28 janvier 1563.
Déclaration du 10 février 1563.

Déclaration de Charles IX du 16 août 1563.
Déclaration du 13 janvier 1567.
Règlement du 4 février 1567.
Édit de janvier 1568.
Déclaration du roi, 16 avril 1571.
Ordonnance du roi Charles IX, du 14 octobre 1571.
Déclaration du 15 février 1573.
Édit de juin 1576.
Édit de juillet 1576.
Édit de septembre 1577.
Édit d'Henri III, donné à Paris, mai 1579.
Arrêt de la Chambre, de l'Édit du 8 août 1582.
Édit de mars 1583, enregistré le 27 juillet 1583.
Déclaration du 24 mars 1583.
Déclaration de novembre 1583.
Déclaration de Henri IV, du 12 avril 1596.
Règlement des commissaires pour le règlement des tailles, du 23 août 1598, enregistré, en la cour des aides, le 4 septembre suivant.
Édit de 1598.
Édit de mars 1600, contenant un règlement sur les tailles.
Édit de septembre 1603, registré au Parlement le 5 juin 1604.
Arrêt de la cour des aides, du 27 juin 1607.
Cahiers de remontrances faites au roi par la Noblesse du royaume aux États tenus à Paris en 1614.
Édit de juin 1615.
Ordonnance du 4 novembre 1616.
Édit de janvier 1634 registré à la cour des aides de Paris le 8 avril et en celle de Rouen le 30 juin de ladite année.
Arrêt du conseil d'État du roi du 26 juillet 1634.
Déclaration du roi, du 29 avril 1639, vérifiée le 16 mai de la même année.
Déclaration du dernier février 1640, vérifiée au 15 mars suivant.
Édit du mois de novembre 1640, enregistré le 26 du même mois.
Déclaration de mai 1643, registrée le 30 décembre suivant,

Déclaration du roi du 18 juin 1643, enregistrée le 21 juillet suivant.

Édit du mois de juillet 1644, enregistré le 19 août 1649.

Déclaration du mois de décembre 1644, registrée le 20 décembre, même année.

Édit de janvier 1645, registré le 6 juin 1658.

Arrêt du conseil, du 23 septembre 1645.

Édit du mois d'octobre 1645, registré le 14 décembre suivant.

Arrêt du conseil, du 21 août 1647.

Édit d'octobre 1650, enregistré le 14 août 1652.

Déclaration du roi, du 8 novembre 1650, enregistrée le 16 janvier 1691.

Arrêt du Conseil, du 8 janvier 1653.

Arrêt du Conseil d'État du roi, du 16 juin 1653.

Arrêt du Conseil, du 12 juillet 1653.

Déclaration du 13 mars 1655, registrée le 1er juillet de la même année.

Arrêt du Conseil, du 30 mai 1656.

Édit du Roi, du 30 décembre 1656, enregistré en la cour des Aides le 11 septembre 1657.

Arrêt du Conseil, du 16 avril 1657.

Déclaration du roi, du 17 septembre 1657, enregistrée en la Chambre des Comptes le 13 octobre suivant.

Déclaration du roi, du mois de mars 1658, enregistrée le 6 août suivant.

Déclaration du roi, du 14 juin 1659, vérifiée le 9 août de la même année.

Édit de janvier 1660, enregistré le 7 septembre suivant.

Édit du 6 mars 1661 et 22 novembre 1720.

Déclaration du 30 août 1661.

Arrêt du 13 août 1663.

Arrêt du Conseil, du 5 décembre 1663.

Déclaration du roi, du 22 juin 1664.

Déclaration du roi, du mois de septembre 1664, et enregistrée le 11 décembre suivant.

Déclaration du 22 mars 1666.

Arrêt du 22 mars 1666.

Arrêt du Conseil, du 6 décembre 1666.
Arrêt du Conseil, du 13 janvier 1667.
Arrêt du Conseil royal des Finances, du 7 mai 1667.
Arrêt du Conseil, du 14 mai 1667.
Arrêt du Conseil, du 3 octobre 1667.
Arrêt du Conseil, du 13 octobre 1667.
Arrêt du Conseil, du 17 novembre 1667.
Arrêt du Conseil, du 27 février 1668.
Arrêt du Conseil, du 15 juin 1668.
Arrêt du Conseil, du 10 octobre 1668.
Arrêt du Conseil, du 15 mars 1669.
Édit du mois d'août 1669.
Arrêt du Conseil, du 23 septembre 1670.
Arrêt du Conseil, du 18 décembre 1670.
Déclaration du roi, du mois de février 1671.
Arrêt du Conseil, du 19 juillet 1672.
Déclaration du roi, du 5 décembre 1670.
Arrêt du Conseil, du 4 janvier 1685.
Lettres patentes de décembre 1686.
Édit du mois de novembre 1690.
Déclaration du roi, du 2 janvier 1691.
Édit du mois de mars 1691.
Édit du mois de juin 1691.
Déclaration du roi, du 10 juillet 1691.
Édit du mois d'août 1692.
Déclaration du roi, du mois de septembre 1692.
Édit du mois de décembre 1692.
Déclaration du 17 janvier 1696.
Edit du mois de mars 1696.
Arrêt du Conseil, du 31 juillet 1696.
Déclaration du 4 septembre 1696, enregistrée le 13 du même mois en la Cour des Aides.
Déclaration du Roi, du 18 septembre 1696.
Arrêt du Conseil, du 30 octobre 1696.
Édit de novembre 1696, registré le 28 dudit mois.
Arrêt du Conseil d'État du Roi du 18 octobre 1696.
Arrêt du Conseil, du 26 février 1697.
Arrêt du Conseil, du 3 mars 1697.

Arrêt du Conseil, du 19 mars 1697.
Arrêt du Conseil, du 18 juin 1697.
Arrêt du Conseil, du 23 juillet 1697.
Arrêt du Conseil, du 6 août 1697.
Arrêt du 26 août 1698.
Arrêt du Conseil, du 6 décembre 1698.
Déclaration du Roi, du 3 mars 1699.
Arrêt du Conseil, du 7 avril 1699.
Arrêt du Conseil, du 6 octobre 1699.
Déclaration du Roi, du 8 décembre 1699.
Édit du mois d'août 1700.
Arrêt du Conseil, du 28 septembre 1700.

Édit du mois d'Avril 1701, enregistré à la Chambre des Comptes le 23 mai 1701, et à la Cour des Aides le 30 dudit mois.

Édit du mois de décembre 1701 enregistré le 30 du même mois.

Arrêt du Conseil du 15 février 1702.
Édit du mois de mai 1702.
Déclaration du 24 juin 1702.
Édit du mois de juillet 1702, enregistré au Parlement le 20 dudit mois.

Déclaration du Roi, du 19 août 1702.
Édit du mois de novembre 1703.
Déclaration du 30 janvier 1703.
Édit de février 1703, enregistré le 7 mars suivant.
Arrêt du Conseil, du 24 avril 1703.
Arrêt du Conseil, du 8 mai 1703.
Arrêt du Conseil, en forme de règlement, du 13 mai 1703.

Édit du mois d'octobre 1703, enregistré le 22 novembre suivant.

Édit de mars 1704, enregistré le 11 avril.
Édit du mois d'avril 1704, enregistré le 30 mai suivant.
Déclaration du Roi, du 29 juin 1704, enregistrée le 4 juillet suivant.

Déclaration du 30 juin 1704, enregistrée en la Cour des Aides le 20 novembre suivant.

Édit du mois de novembre 1704, enregistré en la Cour des Aides le 10 novembre suivant.

Édit de février 1705, enregistré le 18 mars suivant.
Édit du mois d'avril 1705.
Édit du mois de mars 1706.
Arrêt du Conseil, du 9 mars 1706.
Édit du mois de novembre 1706, enregistré le 31 janvier 1707.
Édit du mois de novembre 1706, enregistré le 26.
Édit du mois de janvier 1707, enregistré le 1er avril.
Autre édit de janvier 1707, enregistré le 4 mars suivant.
Arrêt des commissaires généraux, du 11 octobre 1708.
Édit du mois d'octobre 1709, enregistré le 9 dudit mois.
Edit du mois de novembre 1709, enregistré le 27 dudit mois.
Édit du mois de juillet 1710, enregistré le 30 dudit mois.
Edit du mois de mai 1711, enregistré le 10 juin suivant.
Déclaration du 5 mai 1711.
Déclaration du Roi, du 20 décembre 1712, enregistrée au Parlement de Cambrai, le 3 février 1713.
Edit du mois de janvier 1713, enregistré le 1er février 1713.
Edit du mois de janvier 1714, enregistré le 24 dudit mois.
Edit de Versailles donné au mois d'août 1715.
Edit du mois de juin 1716, enregistré le 11 juillet suivant.
Déclaration du Roi, du mois d'août 1717, enregistrée le 26 dudit mois.
Déclaration du Roi, du 7 octobre 1717, enregistrée le 11 septembre de la dite année.
Edit du mois de mars 1719, enregistré le 27 juin de la dite année.
Déclaration du Roi, du 22 mai 1719, enregistrée le 6 juillet suivant.
Arrêt du 24 octobre 1719.
Arrêt du conseil du 25 février 1720.
Edit du mois de septembre 1720, enregistré le 12 novembre 1720.
Arrêt du Conseil du 4 janvier 1724.
Edit du mois de juillet 1724.
Arrêt du Conseil du 15 août 1724.
Edit du mois de septembre 1724.

Règlement de 1725.
Arrêt du Conseil du 30 juin 1726.
Arrêt du Conseil du 7 septembre 1726.
Arrêt du 27 avril 1727.
Edit du mois d'octobre 1727.
Edit du mois de décembre 1727.

                                            Janvier 1886.

FIN.

Laval, imp. et stér. E. JAMIN, rue de la Paix, 41.

www.ingramcontent.com/pod-product-compliance
Lightning Source LLC
LaVergne TN
LVHW022209080426
835511LV00008B/1660